MW00683138

Dimmelo per SMS

Text Me

Dimmelo per SMS

Text Me

Corrado Calabrò

Translated by / Tradotto da
Genni Gunn

Originally published as *Dimmelo per sms*, © 2011 Vallardi Editore
© 2014, Corrado Calabrò; English language translation © 2014, Genni Gunn

All rights reserved. No part of this book may be reproduced, for any reason,
by any means, without the permission of the publisher.

Book design by Terry Gallagher, Doowah Design.

This book was printed on Ancient Forest Friendly paper.
Printed and bound in Canada by Marquis Book Printing.

We acknowledge the support of the Canada Council for the Arts and the
Manitoba Arts Council for our publishing program.

Library and Archives Canada Cataloguing in Publication

Calabrò, Corrado, author
      Text me / Corrado Calabrò ; translated by Genni Gunn.

Poems.

Includes original Italian text of Dimmelo per SMS followed by English
translation.
Issued in print and electronic formats.

ISBN 978-1-927426-60-9 (pbk.).-- ISBN 978-1-927426-61-6 (epub)
      I. Gunn, Genni, translator II. Title. III. Calabrò, Corrado.
Dimmelo per SMS IV. Calabrò, Corrado. Dimmelo per SMS. English.

PQ4863.A354D5413 2014   851'.914   C2014-905648-6
                                                 C2014-905649-4

Signature Editions
P.O. Box 206, RPO Corydon, Winnipeg, Manitoba, R3M 3S7
www.signature-editions.com

I

II

III

I

Verrà l'amore ed avrà le tue labbra

Togliti le lenti d'ogni giorno
E metti gli occhiali da luna.
Vedrai venire – lo vedrai tu sola –
l'amore entrato in fase con la luna
e senza che lui dica una parola
tu gli offrirai tremante le tue labbra.

● ● ●

Love will come and will have your lips

Take off your daily lenses
and put on moon glasses
You'll see – and only you will see –
love entering in phases with the moon
and trembling, without a single word
you will offer him your lips.

Una lama nel miele

Pugnala a freddo l'azzurro
La scia di ghiaccio di un Phantom.

Come una lama nel miele
Affondi nel cuore il tuo sguardo.

A blade in honey

In cold blood
the ice contrail of a Phantom jet
stabs the blue.

Like a blade in honey
you plunge your gaze into my heart.

Sbianca il giorno

Sulla mia spalla stanca la tua guancia,
sbianca il giorno sbiancano le labbra,

su, su, ancora un colpo d'ala
fin là dove l'ossigeno ci manca.

Fades the day

Your cheek on my weary shoulder,
the day pales, your lips pale,

up, up, one more wing-beat
till we run out of oxygen

Effetto notte

Amore che mi scorri nelle arterie
e crei l'effetto notte nella mente ...

●　●　●

Day to night

Love, you flow in my arteries
and turn day to night.

Jonica

Io vorrei la tua lingua, per il mare
salata, come un'ostia in estenuante
digiuno attesa.

Jonica

I crave your tongue, salty
like the sea, as I crave a Host
after a grueling fast.

Password

Abbassa le difese immunitarie
contro l'amore
l'averti consegnato la mia password.

Password

I gave you my password
to lower your defenses
against love.

Notturno

Se ancora, chiudendo gli occhi,
manca la tua mano
a guidare il buio ...

● ● ●

Night

If in closing my eyes,
I miss your hand
to guide me in the dark ...

Accorre improvvisa

Sei rimasta appoggiata sul gomito
con l'iPod nelle orecchie trasognate.

● ● ●

Sudden rush

You remained leaning on your elbow
iPod buds in, daydreaming.

Sole di maggio

Come un uccello caduto dal nido
è tiepido
il tuo seno di fanciulla.

The Sun in May

Like a bird fallen from its nest
your lukewarm
maiden breast.

Solstizio

Come il sole di mezzanotte
è l'attesa del sonno senza te.

Solstice

Like the sun at midnight
is the wait for sleep without you.

Intermittenze

Dolce è sentire che non posso perderti:
la privazione di te
è un faro nero che mi fa da guida;
risente, nelle notti senza luna,
il mare di un'oscura calamita.

Intermittences

How sweet to hear I cannot lose you;
The loss of you
is a black beacon that guides me;
bitter, on moonless nights,
the sea an opaque magnet.

Gambarie

Presati come foglie sul pendio,
le palme che spingevano le palme,
tu avevi gli occhi e la gola riversi
io nella bocca avevo i tuoi capelli.

Gambarie

Pressed like leaves on a slope
palm to palm,
your eyes and throat open
I had your hair in mouth.

La luna nel pozzo

La luna è chiara e passa senza impronte
ma queste bocche schiuse nella terra
sanno suggerire al buio un breve bacio.

Moon in the well

The moon is pale and passes without trace
but these mouths open in the earth
suggest a brief kiss in the dark

Eyes wide shut

Il primo pensiero a occhi aperti
l'ultimo pensiero a occhi chiusi
e sempre questo tremito nel cuore ...

● ● ●

Eyes wide shut

The first thought when I open my eyes
the last thought when I close them
and always, this quiver in my heart ...

Nella norma

Se mi piaci?
Ma che domanda, dai,
che siamo, a Teleparrucchiera?!
E chi sei tu, un'annata di vino
un filmetto un nuovo vestino?

● ● ●

Custom

Do I like you?
But what a question,
what are we, in a soap opera?
And who are you, a vintage wine
a silly film, a new dress?

Compresenza

Portami via con te, stretto alla guancia.
Portami via così, stretto al tuo seno.
Portami via con te, stretto al tuo grembo.

Unison

Take me away with you, pressed to your cheek.
Take me away like this, pressed to your breast.
Take me away with you, pressed to your womb.

Doppio passo

Oltre il filare impettito dei pioppi
si spaccano da soli i melograni.
La tua gamba oltrepassa l'intenzione
mentre entri nel letto dal mio lato.

Double step

Beyond the stiff row of poplars
pomegranates burst open alone.
Your leg oversteps intention
as you climb into bed from my side.

Alba di notte

E non è stato un sogno;
o lo è ancora.
Altrimenti
al tuo levarti mi sarei svegliato.

● ● ●

Night dawn

And it was not a dream;
or it still is.
Otherwise
when you arose I would have awakened.

Intervalli

Non esistono note
senza silenzi

treni senza stazioni
voli senza atterraggi

parole d'amore
senza spazi bianchi.

Intervals

There are no notes
without silences

trains without stations
flights without landings

words of love
without white spaces.

Elisione

Ah, no,
non divida l'amore apostrofato
quello che il sesso negli amanti unì.

Elision

Ah no,
unspoken love words
cannot divide
what sex in lovers has united.

Dilemma

Porta il broncio alla sua stessa bellezza
Fin da ieri sera
il tuo volto d'angelo di cera.

Dilemma

Still beautiful
your angelic waxen face
in a sulk
since last night

Apparizione

Ho gli occhi polarizzati
alla tua nuca bionda senza casco
        e il cuore, chi sa perché
        – amazzone inurbanca –
come i tram d'una volta scampana.

● ● ●

Apparition

My eyes are fixed
on your blond nape without helmet
        and my heart, who knows why
        – wild Amazon –
peals like the trams of old.

In attesa d'imbarco

Da questo scoglio lambito dall'acqua
Aspetto per l'imbarco la marca.
Forse è un imbarco dal quale non torno:
ma voglio tendere, immensa, una rete
fino a accerchiare la tua giovinezza.

Awaiting boarding

From this bluff lapped by water
I wait for my boarding pass.
A boarding, perhaps, from which I won't return:
but I want to cast an immense net
to envelop your youth.

Imprinting

Non ho parole nuove per amare
a tua immagine e somiglianza
un'altra donna.

Imprinting

I have no new words to love
in your image and likeness
another woman.

Luna calante

Seni di neve, timidi e superbi,
stillanti in una notte la dolcezza
da assaporare, fissando il soffitto,
per tutte le altre notti senza sogni.

Crescent moon

Snowy breasts, timid and superb,
proud in a sweet-savoured night,
aimed at the ceiling,
for all the other dreamless nights.

Liaisons

Non è te che – forse – amo
ma questo laccio sottile e tenace
che ci strangola insieme, a occhi aperti.

Liaisons

Perhaps it's not you I love
but this fine strong thread
strangling us, our eyes open.

Scritte murali

Era sabato, pioveva
E pensavo a te.

Era sabato, pioveva,
stava con me.

Graffiti

It was Saturday; it rained
And I thought of you.

It was Saturday; it rained,
she was with me.

Giardino degli olivi

Ti son venuto incontro e t'ho baciata,
già impiccato al bisogno di tradirti.

● ● ●

Olive garden

We met and I kissed you,
Already consumed by the need to betray you.

II

Deriva

Come l'acqua scorre per i fiumi
così dentro di me la tua presenza
mi sfugge e al tempo stesso mi pervade.

●　●　●

Result

As water flows in rivers
so in me your presence
evades yet pervades me.

Lo stesso rischio

Il mare va preso come viene
così, con la sua stessa inconcludenza:
portando verso il petto, a ogni bracciata,
un'onda lieve che non si trattiene.

The same risk

One must take the sea as it is
like this, with its own uncertainty:
gathering towards one's breast, in every stroke,
a gentle fleeting wave.

Sirena

Seduta a prua con le gambe nell'acqua
lo sguardo acceso di bagliori azzurri,
le raccogli, frementi, dentro il corpo.

Siren

Seated on the bow, legs in the water
your gaze alight with flashes of blue,
fragments you gather into your body.

Underdose

Ma troppo, troppo tempo t'ho aspettata!
Non più di te, della tua droga io vivo.

Underdose

Too long I've waited for you.
I live not for you, but for my addiction to you.

Sotto le palpebre

Il mio oroscopo passa
per il tuo primo sguardo del mattino:
così attraversa l'aurora il nuovo giorno.

Beneath eyelids

My horoscope passes
across your first glimpse of morning:
like dawn crossing a new day.

Entra negli occhi senza farmi male

E non dirò che' è amore se non vuoi;
no, non dirò ch' è amore se hai paura.

● ● ●

Enter my eyes without hurting me

And I won't call it love if you don't want me to
no, I won't call it love if you're afraid.

Fine settimana

Sarebbe così simile all'amore
questa veglia sull'orlo del tuo sonno
se, anziché trattenere il respiro,
sciogliessi il mio groviglio al tuo tepore.

Weekend

It would be so similar to love
This vigil at the edge of your dream
If, instead of holding my breath
I melted my confusion in your warmth.

Mittente sconosciuta

Di te io so quello che ne sa il vento,
molando al tornio l'orlo della bocca,
della vena che pulsa in fondo al pozzo.

Sender unknown

Of you I know what the wind knows
as it grinds the rim of the well,
of the vein that pulses in its depths.

Qualcosa oltre il vissuto

Con una carezza sulle palpebre
la notte sigilla la paura
di vivere qualcosa oltre il vissuto.

●　　●　　●

Beyond

On the eyelids
night's caress seals the fear
of experiencing something beyond
what we've lived.

L'esorcismo dell'Arcilussurgiu

Attenderai il momento in cui, con l'alba,
per un istante i suoi occhi il cielo e il mare
saranno dell'identico colore.

The exorcism of the Arcilussurgiu

You'll wait for the moment when, at dawn,
for an instant his eyes the sky and the sea
will be one colour.

Contro natura

Sbatte con mugghio profondo
l'onda, nel buio, alla scogliera.
Batte il tempo il tuo cuore nel petto
a colpi forti e lenti.

Against nature

In the dark, wave pounds reef
in a thundering roar.
In your chest, heart beats time
strong and slow.

Il vento di Myconos b)

Dal tuo scaltrito volto di fanciulla
dal tuo corpo acerbo e irrequieto
da te stessa il tuo amore mi protegge.

The wind of Myconos b)

From your astute girlish face
from your bitter restless body
from you, your love protects me.

Nostos

S'inoltrano in mare gli amanti
come alice entrava nello specchio.
Ma prima o dopo tornano alla riva
Portando, a dondolo, un secchiello d'acqua.

● ● ●

Nostos

Lovers immerse themselves in the sea
like Alice stepped into the mirror.
But sooner or later they return to shore
swinging a bucket of water.

Come dice il Veda

Sai che dice il Ri-Veda?
La bellezza sospende ogni giudizio,
e l'amore non sa contare i giorni …

What the Veda says

Do you know what the Rig-veda says?
Beauty suspends all judgement,
and love can't count the days.

La notte prima, una pioggia...

Hanno piegato tutto assieme il capo,
le rose;
sciupate dalla pioggia, all'improvviso,
la notte prima che giunga l'estate.

First night, rain

Bent stems, bent flower heads;
roses ruined by sudden rain,
the last night before summer.

Ostenda

S'abbuia la camera d'albergo.
Piano, educatamente,
distacchi prima il fianco e poi la mano
dal mio costato.

● ● ●

Withdrawal

The hotel room darkens.
Slowly, gracefully,
you disengage first your hip then your hand
from my rib.

Labentia signa

E certo ch'erano sopra le righe
i nostri esseemmeesse deliranti...!
Restano al mittente
i desideri espressi a stelle ferme
e i messaggi quando non c'è campo.

● ● ●

Labentia signa

It's certain our delirious texts
were over the top...
With the sender remain
desires expressed as fixed stars
and messages when there is no reception.

Quinta dimensione

Unica chance, se ti voglio seguire,
è inoltrarmi a ritroso, contro senso,
nel vuoto di memoria del futuro.

Fifth dimension

My only chance, to follow you,
is to advance against the tide,
into the void of future memory.

Venere a)

Ma noi vediamo solamente
la stella che abbiamo nella mente,
quella che *sappiamo* di guardare.

Morning star a)

But we only see
the star in our minds
the one we know we're looking at.

Venere b)

La notte ch'equipara l'est all'ovest
e tuttavia non colma le distanze.

La notte, questa notte ricorrente
che rende improponibile il presente
perché ha ancora il passato da smaltire.

Morning star b)

Night equalizes east and west
yet does not bridge the distance.

Night, this recurring night
renders the present intangible
because it still has the past to dispose of.

Lunazioni

No, non dirmelo...
lasciamo alla notte
per favore
la sua doppiezza segreta.

Lunation

No, don't tell me...
I beg you
let's leave to the night
its secret duplicity.

Jessica, che levandoti...

Jessica, che levandoti
sulle altissime gambe
fermi a metà il risveglio
e tieni il sogno in ostaggio.

Jessica, you rise

Jessica, you rise
on long long legs
stop half awake
and hold your dream hostage.

Amazzone

Vedo nello specchio la porta
chiudersi senza rumore.
Mi pare e non mi pare
d'aver sentito la parola amore.

Amazon

In the mirror the door
closes without a sound.
I'm sure and not sure
I heard the word love.

Déshabillée

Ti svestirò di luna
Sulla grande terrazza
Fino alla tua più intima bellezza.
E ti denuderà così svestita,
mentre la luna impallidisce, l'alba.

Déshabillée

I will undress you in moonlight
on the large terrace
down to your most intimate beauty.
And dawn will strip you, naked as you are,
while the moon fades.

Sole di paglia

Non si getta la spugna per amore
né per incontinenza
ma per aver bruciato il primo giorno
sulla spiaggia la nave del ritorno.

●　　●　　●

Straw sun

One does not give up for love
nor for indulgence
but for having on that first day
on the beach burned the ship of return.

L'acqua tra le dita

Sei ancora bella, dolcemente bella.
T'amo e tu m'ami: sotto i polpastrelli
sento sfuggire la tua giovinezza.

● ● ●

Water through fingers

You are still beautiful, a delicate beauty.
I love you and you love me: beneath my fingertips
I feel your youth escape.

Il dono di Pandora

Sopporterò il tuo morso
come un fachiro immune dal veleno
del suo serpente disincantato.

● ● ●

Pandora's gift

I will bear your bite
like the fakir immune to the poison
of his disenchanted serpent.

Tengo il viso affondato nel tuo seno

Dolce è il tuo unguento, fosse anche scaduto;
tengo il viso affondato nel tuo seno
le tue mani mi spalmano sul corpo
il lenimento del tempo vissuto.

● ● ●

My head buried in your breast

Sweet is your salve, maybe even expired;
I keep my head buried in your breast
over my body your hands spread
the liniment of our shared past.

A luna spenta

Le onde scorrenti come un tapis roulant
il cuore che batte contro il legno
a luna spenta amare per amare …
Ah, reggiti, Michelle, reggiti ancora
la luna è spenta, presto sarà domani.

● ● ●

Spent moon

Waves flow like a treadmill
the heart beats against wood
under a spent moon loving for the sake of loving
Ah, hold on, Michelle, hold on
the moon is spent, soon it will be tomorrow

Commodus discessus

Spegniti un attimo dopo di me
o aspetta almeno a spegnere la luce
finché non rientro
così che aprendo il portone io non trovi
la casa spenta.

● ● ●

Commodus discessus

Sleep an instant after me
or at least wait to turn out the light
until my return
so that when I reach the door, I won't find
a darkened house.

Di lato

Un campo arato
un letto rifatto
un corpo che ho amato

cui mi sdraio di lato.

Side by side

A hoed field
a made bed
a body I have loved

beside me.

Dentro lo specchio

Sì, questo sì, ti dovevo chiamare.
Lo credo anch'io, ma quale nome darti?
Sorella, moglie, madre, amica, amante?

In the mirror

Yes, it's true, I should have called you.
but what name to give you?
Sister, wife, mother, friend, lover?

Apnea

Come queste nottate sudaticce
le tue mani svogliate.

● ● ●

Apnea

Like these sweat-drenched nights
your listless hands.

Una porta sbattuta

Pronunciato per caso in mia presenza
quel nome
echeggia come una porta sbattuta
nel pomeriggio spazzato dal vento.

A slammed door

Mentioned by chance in my presence
that name
echoes like a door slammed
in an afternoon swept by the wind.

Vite spanate

Ti trattengo la mano sulla soglia
e seguo con l'orecchio l'ascensore;
con lui, con te discende in parallelo
quella cosa da niente ch'è l'amore.

Stripped lives

I hold your hand in the doorway
ears tuned to the elevator;
with him, with you in parallel
descends this trifling thing called love.

L'angelo incredulo

Ho paura di quest'amore
come ho paura dell'angelo incredulo
che viene a tentarmi nottetempo:

se ci penso
e se non ci penso.

The doubting angel

I'm afraid of this love
as I'm afraid of the doubting angel
who comes to tempt me at midnight:

whether I think about it
or not.

Non sei una dea

Non sei una dea; anche se ne hai il passo
ed i silenzi oblunghi.

● ● ●

You are not a goddess

You are not a goddess; despite your gait
and your prolongued silences.

Di noi

Non ti staccare
non strapparti da me contro te stessa.
No, non staccarci, non dilacerare
quest'amore di noi ermafrodito.

Of us

Don't let me go
Don't tear yourself away against your will.
No, don't break us up, don't shatter
our hermaphrodite love.

Peccato non originale

Porti addosso, e non sai, questa presenza,
che nel buio si ridesta silente
come un dolore notturno...

● ● ●

Non-original sin

You bear this presence, unaware
that in the dark it silently stirs
like a nocturnal grief...

Ho schiumato la patina del sogno

Poi non rammento molto:
da una donna ho appreso
d'aver sorbito il vuoto allappante della coppa
e, riflessa nel fondo verderame,
sorella mutante dell'amore
l'inquietudine.

I've skimmed the patina of dreams

Anyway, I don't recall much:
from a woman I understood
that I had sipped the bitter residue in the goblet
and, reflected in the verdigris of the bottom,
the fickle sister of love
restlessness

Il segreto del vetro

E questa ragazza mi guarda
e con un sorriso sfottente
mi dice di provare a conquistarla.
Non le rivelerò il segreto del vetro.
L'inchiostro allungato con l'acqua
Stinge parole d'amore sbavate.

The secret of the glass

This girl looks at me
her teasing smile
suggests I try to seduce her.
I won't reveal the secret of the glass.
Ink elongated by water
fades flimsy love words.

Dormiveglia

Svegliarsi e non sapere se mi pensi …
sognarti e aver paura di dormire …

● ● ●

Half-asleep

To awaken and wonder if you think of me …
to dream of you and be afraid to sleep …

Verrà L'estate

Verrà L'estate
e avrà il tuo vestitino.

● ● ●

Summer will come

Summer will come
wearing your dress.

Il "2"

Scuote i capelli, attraversa la strada
Sollevando l'ombrello: è una ragazza
una donna sui trenta
non sei tu.

● ● ●

Bus #2

She tosses her hair, crosses the street
raising her umbrella: a girl
a woman around thirty
not you.

Roaming a)

Le ragazze hanno accorciato le gonne
spuntano sugli steli nuove rose.
Prima o dopo l'acqua torna all'acqua
ogni amore sottende un altro amore.

Roaming a)

Girls have hemmed their skirts
new roses sprout on stems
Sooner or later water returns to water
every love implies another.

Pelle d'oca

È come se tra noi
fosse interposto un vetro
che disseziona il tuo dal mio respiro.

● ● ●

Goose bumps

It's as if between us
a glass severs your breath
from mine.

Ovunque non sappia dai tuoi occhi

Là indugierei, tra i miei simili, o altrove:
ovunque io non sappia dai tuoi occhi
che s'è mercificata la stagione
in cui intrecciammo le mani tremanti.

Wherever I can't read in your eyes

There I would linger,
between my similes or elsewhere:
wherever I can't read in your eyes
that the season when we intertwined
our trembling hands is now diminished.

La tromba d'Eustachio

Quale più duole delle tue parole?
Forse mi sono entrate nell'udito
Semplicemente le cose non dette.

● ● ●

Eustachian tube

What aches more than your words?
Perhaps what I hear
is all the unsaid.

Aspettazione

Si,
l'amore è la presenza rimandata
di un'assenza.
Ma ogni giorno al risveglio sapevamo
che c'era il rischio dell'errore umano.

The wait

Yes,
love is the postponed presence
of absence.
But each day on awakening we understood
the risk of human error.

Cavillature

Sottile come un capello
è quest'incrinatura.
Sottile quanto un tuo capello biondo.
Sottile, sottile; e non si scalda.

Splitting hair

Fine as a hair is this rift between us
Fine as one of your blonde hairs.
Fine, fine; and it will not fuse.

Stanca le ali ...

Tornerai, non tornerai:
stanca l'azzurro le ali al desiderio.

● ● ●

Weary wings

You'll return, you won't return:
wings of desire
weary against the blue.

III

Retrogusto

Tutta l'acqua del mare non placa
la sete a chi non la può bere
lungo è il bisogno d'amore
in chi t'ha amata.

● ● ●

Aftertaste

All the water in the sea does not quench
the thirst of one who cannot drink it.
Deep is the need
in one who has loved you

Silvia, che troppo grandi

Silvia, che troppo grandi
apri alla notte gli occhi

● ● ●

Silvia, your eyes

Silvia, your eyes
too wide at night

Silvia, che troppo grandi...

Silvia, che troppo grandi
apri gli occhi al risveglio.

● ● ●

Silvia, your eyes...

Silvia, your eyes
too wide on awakening

Natura fredda

Sei apparsa sul mio sentiero
come una nuvola fredda
che in un istante è grande quanto il cielo.

Cold nature

You appeared in my path
like a bleak cloud
that instantly fills the sky.

Distacco

...E tutto il cielo sento allontanato,
per la sua sola altezza avido e intento.
Non è avanzato tuttavia il sole...
Non è caduto tuttavia il vento...

Breakup

...and all the sky is avid, purposeful,
distanced by her height.
Yet the sun has not moved...
the wind has not died...

Doppiato

Si sdoppia, a una svolta, la vita:
dalla sopravivenza è sorpassata.

● ● ●

Split

At a crossroad, life splits in two:
surpassed by survival.

Colpo di luna

Come potrò non sfuggire
da te dalla tua anima
piallata e ripiallata dalla noia?

Moonstruck

How could I not escape
from you from your soul
planed and re-planed by boredom?

Duale

Alla notte
Anche questo giorno si consegna.

Come la notte al giorno
come il giorno alla notte mi manchi.

●　　●　　●

Duality

At night
Even this day surrenders.

Like night all day
like day at night I miss you.

Insulto

Pesante come un insulto
Il tuo silenzio.

Insult

Heavy as an insult
your silence.

Liquescenza

Lupo che s'azzanna le cosce
il desiderio di te
persino in sedazione non sopito.

● ● ●

Liquefaction

Wolf who bites its own legs
my desire for you
even when sedated does not abate.

Ressa

La penuria di te mi affolla l'anima.

Crowd

Your absence crowds my soul.

Ma più che mai...

Ogni giorno mi manchi; e in ogni dove
perchè all'assenza di te
non c' è un altrove.

●　●　●

But more than ever

Every day I miss you; and everywhere
because without you
there is nowhere else.

Porto delle inquietudini

Porto delle inquietudini
occhi meridiani che s'accendano
all'improvviso di lampi di rame
specchi in cui sbatto con gli occhi sbarrati
lame accecate nella mia ferita.

● ● ●

I bear these doubts

I bear these doubts
meridian eyes that spark
suddenly with bursts of copper
mirrors in which with open eyes
I plunge mad blades
into my wound.

Il vento di Myconos a)

Sul letto, con la sigaretta spenta,
eri già altrove mentre me n'andavo
con gesti da vigile urbano
e il cuore d'un piccione viaggiatore.

The Wind of Myconos a)

On the bed, with the spent cigarette,
you were already elsewhere as I left
taut as a traffic cop
with the heart of a homing pigeon.

Hai svoltato l'angolo a sorpresa

Dove sei, cosa pensi? E perché mai
il tuo quadro in cantina non invecchia?
Meglio non saperlo.
L'assenza di motivi può spiegare
di per se stessa una separazione.

● ● ●

You turned the corner suddenly

Where are you? What are you thinking?
And why does your picture in the basement never age?
It's best not to know.
The absence of motives could in itself
explain a separation.

Detesto i ricordi

Detesto anche il ricordo dei ricordi
se in quale modo mi ricorda te!

● ● ●

I detest memories

I detest even the memory of memories
if in some way it reminds me of you

Anita

Come la vela il vento
come l'erba la pioggia
come il mare la luna
ti chiedevo.

Anita

Like sail to wind
like grass to rain
like sea to moon
I called to you.

Estuario

Gonfio di te fino a colmare gli argini
è il corso dei miei pensieri.
Eppure è in te che cerca
con cento bracci il suo estuoso sbocco.

Estuary

Filled with you, the course of my thoughts
overflows the banks.
Yet it's in you its hundred arms
search for the estuary.

Transfluenza

Amore cui il giorno dà sollievo
e la notte un senso sterminato
ripassami l'attesa che t'ho data
come tra subacquei ci si scambia
il respiratore dell'ossigeno
per rallentare un'emersione affrettata.

● ● ●

Confluence

Love who calms the day
and heightens senses at night
make me wait as I did you
divers who share
one oxygen mask
to delay a hasty surfacing.

In un lago rappreso

Si legge sul dorso, non sul palmo,
delle mani dei vecchi la ventura.
Si dibatte in un lago rappreso
– acerba – la voglia d'amare.

In a lake congealed

Fortune is read on the back of the hands
not on the palms of old people.
The desire to love – bitter –
flounders in a lake congealed.

Gli occhi di Circe

La privazione di te ora si stinge
In questa vanità senza orizzonte
del mare che nel cielo trascolora.

Circe's eyes

The loss of you now pales
in this pride without the horizon
of the sea that fades into the sky

Ricordati di dimenticarla...

Ti donerò un ventaglio con su scritto:
"te quiero para olvidarte,
para quererte te olvido."

● ● ●

Remember to forget her...

I will bring you fan on which is written:
"te quiero para olvidarte,
para quererte te olvido."

" I love you to forget you,
to love you, I forget you."

Variazioni

Ma se un mattino ravviandoti i capelli
non ti ricorderai d'aver sognato
vuol dire che quel sogno, amore mio,
non l'ho sognato mai nemmeno io.

Variations

But if one morning while combing your hair
you don't remember dreaming
it means I, too, my love,
have never dreamt that dream.

Mi manca il mare

Se non sognassi non avrei un passato

Non appartiene al navigante il mare
che ha solcato

Non trattiene chi nuota
altro che il sogno
del mare che ha abbracciato.

I miss the sea

without dreaming I would have no past

The sea does not belong to the sailor
who sails it

All that keeps the swimmer afloat
is the dream
of the sea he has embraced.

Roaming b)

C'è un tempo per la semina
e un tempo per la mietitura;
c'è un tempo per amare
e uno per essere dimenticati.

Roaming b)

There's a time for sowing
and a time for harvest;
there's a time to love
and one to be forgotten.

Labra d'altra donna

Oscuramente di lei mi dissanguo,
di lei sono in cerca al risveglio
come il capretto del latte di capra.

Lips of the other woman

Unknown to her, I am lost
I search for her on awakening
like the lamb reaches
for its mother's milk.

Marelungo

L'onda avanza sullo scoglio e l'abbruna
come l'ombra di nuvola che passa.
Così un amore, a volte,
attraversa una vita e se ne adombra.

Seaboard

The wave breaks on the rock and darkens it
like the shade of a passing cloud.
This is how love, sometimes,
touches a life then fades.